Adventures Across Languages: Bilingual Portuguese-English Stories for Boys

Teakle

Published by Teakle, 2023.

While every precaution has been taken in the preparation of this book, the publisher assumes no responsibility for errors or omissions, or for damages resulting from the use of the information contained herein.

ADVENTURES ACROSS LANGUAGES: BILINGUAL PORTUGUESE-ENGLISH STORIES FOR BOYS

First edition. July 8, 2023.

Copyright © 2023 Teakle.

ISBN: 979-8223701651

Written by Teakle.

Table of Contents

O Pequeno Aventureiro
The Little Adventurer

Era uma vez um menino chamado Pedro. Ele adorava aventuras e estava sempre em busca de novas descobertas. Um dia, enquanto explorava o seu quintal, Pedro encontrou um mapa antigo escondido entre as folhas. Com os olhos brilhando de empolgação, ele sabia que uma grande aventura estava prestes a começar.

Once upon a time, there was a boy named Pedro. He loved adventures and was always seeking new discoveries. One day, while exploring his backyard, Pedro stumbled upon an old map hidden among the leaves. With excitement gleaming in his eyes, he knew that a great adventure was about to unfold.

Pedro estudou o mapa atentamente e percebeu que indicava um tesouro escondido na floresta misteriosa. Sem hesitar, ele pegou sua mochila, colocou água, lanche e sua bússola, e partiu em direção à floresta. Caminhando por trilhas estreitas, Pedro encontrou árvores gigantes e pássaros coloridos que cantavam melodias encantadoras.

Pedro studied the map carefully and realized it pointed to a hidden treasure in the mysterious forest. Without hesitation, he grabbed his backpack, filled it with water, snacks, and his compass, and set off toward the forest. Walking along narrow trails, Pedro encountered towering trees and colorful birds singing enchanting melodies.

Enquanto se aventurava mais fundo na floresta, Pedro ouviu um som estranho. Ele seguiu o som e encontrou uma família de macacos brincando em um riacho. Os macacos pareciam estar se divertindo muito, pulando de árvore em árvore e balançando de cipó em cipó. Pedro sorriu e decidiu se juntar à diversão. Ele se balançou em um cipó e caiu na água, mergulhando em gargalhadas.

As he ventured deeper into the forest, Pedro heard a strange sound. He followed the sound and came across a family of monkeys playing by a stream. The monkeys seemed to be having a great time, leaping from tree to tree and swinging from vine to vine. Pedro smiled and decided to join in the fun. He swung on a vine and splashed into the water, bursting into laughter.

Após se secar, Pedro continuou sua jornada. Seguindo as indicações do mapa, ele chegou a uma caverna escura. Com coragem no coração, ele acendeu sua lanterna e entrou cautelosamente. Dentro da caverna, ele encontrou estalactites reluzentes e estalagmites altas que pareciam formar um caminho secreto.

After drying himself off, Pedro continued his journey. Following the map's directions, he arrived at a dark cave. With bravery in his heart, he lit his flashlight and entered cautiously. Inside the cave, he discovered gleaming stalactites and tall stalagmites that seemed to form a secret path.

Pedro seguiu o caminho formado pelas estalactites e estalagmites e chegou a uma câmara iluminada por um raio de sol que atravessava uma abertura no teto da caverna. Lá, no centro da câmara, estava o tesouro que o mapa havia indicado. Era uma caixa de madeira repleta de moedas antigas, pedras brilhantes e um pergaminho.

Pedro followed the path formed by the stalactites and stalagmites and arrived at a chamber illuminated by a sunbeam piercing through an opening in the cave's ceiling. There, in the center of the chamber, lay the treasure that the map had indicated. It was a wooden chest filled with ancient coins, sparkling stones, and a parchment.

Com cuidado, Pedro abriu o pergaminho e leu uma mensagem escrita à mão: "Este tesouro é para o coração aventureiro que busca conhecimento e compartilha bondade". Pedro entendeu que a verdadeira riqueza estava nas aventuras que ele vivia e na bondade que ele espalhava pelo mundo.

Carefully, Pedro unfolded the parchment and read a handwritten message: "This treasure is for the adventurous heart that seeks knowledge and shares kindness." Pedro understood that true wealth lay in the adventures he experienced and the kindness he spread throughout the world.

Com o tesouro em mãos, Pedro sentiu-se preenchido de gratidão e alegria. Ele decidiu que, ao voltar para casa, compartilharia sua riqueza com sua família e amigos, tornando suas vidas mais felizes e cheias de amor.

With the treasure in his hands, Pedro felt filled with gratitude and joy. He decided that upon returning home, he would share his wealth with his family and friends, making their lives happier and full of love.

E assim, o pequeno aventureiro, Pedro, aprendeu que a verdadeira aventura estava em explorar o mundo ao seu redor, valorizando cada descoberta e espalhando bondade por onde passava.

And so, the little adventurer, Pedro, learned that true adventure lay in exploring the world around him, cherishing every discovery, and spreading kindness wherever he went.

O Pequeno Herói
The Little Hero

Era uma vez um menino corajoso chamado Miguel. Ele tinha um coração cheio de bondade e sempre buscava maneiras de ajudar os outros. Um dia, enquanto brincava no parque, Miguel ouviu um grito vindo da floresta próxima. Sem hesitar, ele seguiu o som e descobriu um filhote de lobo preso em uma armadilha.

Once upon a time, there was a brave boy named Miguel. He had a heart full of kindness and always looked for ways to help others. One day, while playing in the park, Miguel heard a cry coming from the nearby forest. Without hesitation, he followed the sound and discovered a wolf cub trapped in a trap.

Miguel sabia que tinha que fazer algo para ajudar o filhote de lobo. Com cuidado, ele libertou o animalzinho da armadilha. O filhote olhou para Miguel com gratidão em seus olhos brilhantes. Miguel sabia que seu novo amigo precisava de ajuda para voltar para sua família.

Miguel knew he had to do something to help the wolf cub. Carefully, he freed the little animal from the trap. The cub looked at Miguel with gratitude in its bright eyes. Miguel knew his new friend needed help to find its way back to its family.

Determinado a ser um herói, Miguel decidiu levar o filhote de lobo de volta à floresta. Ele construiu um abrigo temporário para o lobo e, juntos, eles começaram a jornada de volta. Miguel usou sua bússola e seus conhecimentos de orientação para encontrar o caminho certo.

Determined to be a hero, Miguel decided to take the wolf cub back to the forest. He built a temporary shelter for the wolf, and together, they started the journey back. Miguel used his compass and his navigation skills to find the right path.

Durante a caminhada, Miguel e o filhote de lobo encontraram obstáculos no caminho. Eles tiveram que atravessar riachos, escalar colinas e passar por densos arbustos. Mas Miguel não desistiu. Ele mostrou coragem e perseverança em cada desafio.

During the hike, Miguel and the wolf cub encountered obstacles along the way. They had to cross streams, climb hills, and maneuver through dense bushes. But Miguel didn't give up. He showed courage and perseverance in every challenge.

Finalmente, Miguel e o filhote de lobo chegaram à clareira onde a família de lobos estava esperando. O coração de Miguel se encheu de alegria ao ver o filhote se reunir com sua mãe e irmãos. Os lobos uivaram em agradecimento, reconhecendo a bravura de Miguel.

Finally, Miguel and the wolf cub reached the clearing where the wolf family was waiting. Miguel's heart filled with joy as he saw the cub reunite with its mother and siblings. The wolves howled in gratitude, acknowledging Miguel's bravery.

Miguel voltou para casa com um sorriso no rosto, sabendo que tinha feito a diferença na vida daquela família de lobos. Ele aprendeu que não importa quão pequeno ou jovem alguém seja, todos têm o poder de serem heróis e fazer o bem no mundo.

Miguel returned home with a smile on his face, knowing hehad made a difference in the lives of that wolf family. He learned that no matter how small or young someone may be, everyone has the power to be heroes and do good in the world.

O Pequeno Explorador
The Little Explorer

Era uma vez um garoto chamado Lucas, um pequeno explorador que sempre estava ansioso por novas aventuras. Ele tinha um chapéu de explorador, uma lupa e uma mochila cheia de equipamentos. Um dia, Lucas decidiu explorar a misteriosa caverna no topo da montanha.

Once upon a time, there was a boy named Lucas, a little explorer who was always eager for new adventures. He had an explorer hat, a magnifying glass, and a backpack filled with equipment. One day, Lucas decided to explore the mysterious cave at the top of the mountain.

Lucas subiu a montanha com entusiasmo, observando a paisagem ao seu redor. O sol brilhava no céu, e ele sentia a brisa fresca em seu rosto. Ao chegar à entrada da caverna, Lucas acendeu sua lanterna e começou a explorar as profundezas escuras.

Lucas climbed the mountain with excitement, observing the landscape around him. The sun was shining in the sky, and he felt the cool breeze on his face. Upon reaching the entrance of the cave, Lucas turned on his flashlight and began exploring the dark depths.

Enquanto caminhava pela caverna, Lucas ficou maravilhado com as estalactites que pendiam do teto como pontas de cristal. Ele admirou as formações rochosas e os desenhos intrigantes nas paredes. Cada passo o levava mais fundo em um mundo misterioso e desconhecido.

As he walked through the cave, Lucas was amazed by the stalactites hanging from the ceiling like crystal points. He admired the rock formations and the intriguing drawings on the walls. Each step took him deeper into a mysterious and unknown world.

De repente, Lucas ouviu um som suave vindo de uma passagem estreita. Ele seguiu o som e encontrou uma pequena cascata. A água caía suavemente sobre as rochas, criando um som relaxante. Lucas decidiu sentar-se perto da cascata e descansar por um momento.

Suddenly, Lucas heard a soft sound coming from a narrow passage. He followed the sound and discovered a small waterfall. The water gently cascaded over the rocks, creating a soothing sound. Lucas decided to sit near the waterfall and rest for a while.

Enquanto descansava, Lucas observou um grupo de borboletas coloridas voando ao seu redor. Ele pegou sua lupa e admirou de perto as delicadas asas das borboletas. Cada uma delas era única e especial. Lucas ficou encantado com a beleza da natureza.

While resting, Lucas watched a group of colorful butterflies fluttering around him. He grabbed his magnifying glass and admired the delicate wings of the butterflies up close. Each one was unique and special. Lucas was captivated by the beauty of nature.

Após seu descanso, Lucas decidiu continuar sua exploração pela caverna. Ele passou por túneis estreitos e atravessou riachos subterrâneos. Finalmente, ele chegou a uma sala enorme, iluminada por raios de sol que penetravam por uma abertura no teto. Na sala, Lucas encontrou um tesouro brilhante.

After his rest, Lucas decided to continue his exploration of the cave. He passed through narrow tunnels and crossed underground streams. Finally, he reached a massive chamber, illuminated by rays of sunlight streaming in through an opening in the ceiling. In the chamber, Lucas found a shiny treasure.

Lucas pegou o tesouro com cuidado e percebeu que era um antigo amuleto dourado. Ele sabia que aquele amuleto era especial e poderia trazer boa sorte a quem o possuísse. Com gratidão em seu coração, Lucas guardou o amuleto em sua mochila e começou a jornada de volta para casa.

Lucas carefully picked up the treasure and realized it was an ancient golden amulet. He knew that this amulet was special and could bring good luck to whoever possessed it. With gratitude in his heart, Lucas put the amulet in his backpack and began his journey back home.

À medida que Lucas saía da caverna, ele se sentia mais confiante e cheio de alegria. Ele sabia que, embora pequeno, era um verdadeiro explorador. Ele tinha descoberto tesouros preciosos da natureza e guardava em seu coração a beleza e a magia do mundo.

As Lucas exited the cave, he felt more confident and filled with joy. He knew that, though small, he was a true explorer. He had discovered precious treasures of nature and kept in his heart the beauty and magic of the world.

Ao chegar em casa, Lucas compartilhou sua emocionante jornada com sua família. Ele mostrou o amuleto dourado e contou as histórias da caverna, das borboletas e da cascata. Seu espírito aventureiro inspirou os outros a também buscarem suas próprias aventuras.

Upon arriving home, Lucas shared his exciting journey with his family. He showed them the golden amulet and told stories of the cave, the butterflies, and the waterfall. His adventurous spirit inspired others to seek their own adventures as well.

E assim, o pequeno explorador, Lucas, mostrou que a verdadeira aventura está em explorar o mundo ao nosso redor, valorizar a natureza e descobrir tesouros preciosos que nos enchem de alegria e gratidão.

And so, the little explorer, Lucas, showed that true adventure lies in exploring the world around us, cherishing nature, and discovering precious treasures that fill us with joy and gratitude.

O Pequeno Inventor
The Little Inventor

Era uma vez um menino chamado Pedro, um pequeno inventor cheio de criatividade e curiosidade. Ele adorava brincar com engrenagens, fios e peças mecânicas. Seu quarto era um verdadeiro laboratório, cheio de projetos em andamento. Um dia, Pedro teve uma ideia brilhante: construir um robô ajudante!

Once upon a time, there was a boy named Pedro, a little inventor full of creativity and curiosity. He loved playing with gears, wires, and mechanical parts. His room was a true laboratory, filled with ongoing projects. One day, Pedro had a brilliant idea: to build a helper robot!

Com entusiasmo, Pedro pegou sua caixa de ferramentas e começou a montar as peças do robô. Ele soldou, aparafusou e conectou os fios com cuidado. Depois de várias horas de trabalho duro, o robô ajudante de Pedro estava pronto.

With enthusiasm, Pedro grabbed his toolbox and started assembling the robot's parts. He soldered, screwed, and connected wires carefully. After several hours of hard work, Pedro's helper robot was ready.

Pedro deu o nome de Robôlio ao seu novo amigo mecânico. Ele programou Robôlio para executar várias tarefas, como limpar seu quarto, buscar objetos e até mesmo preparar sanduíches. Pedro estava emocionado com as infinitas possibilidades que Robôlio trazia.

Pedro named his new mechanical friend RoboLeo. He programmed RoboLeo to perform various tasks, such as cleaning his room, fetching objects, and even making sandwiches. Pedro was thrilled with the endless possibilities that RoboLeo brought.

Juntos, Pedro e Robôlio embarcaram em aventuras diárias. Eles exploraram o jardim, consertaram brinquedos quebrados e até ajudaram os vizinhos com tarefas. Pedro estava orgulhoso de seu invento e adorava ver como Robôlio fazia a diferença na vida das pessoas ao seu redor.

Together, Pedro and RoboLeo embarked on daily adventures. They explored the garden, fixed broken toys, and even helped the neighbors with tasks. Pedro was proud of his invention and loved seeing how RoboLeo made a difference in the lives of people around him.

No entanto, Pedro percebeu que algo estava faltando. Embora Robôlio fosse um ajudante incrível, ele não tinha sentimentos nem emoções como os humanos. Pedro queria que seu amigo robô pudesse entender e expressar emoções também.

However, Pedro realized that something was missing. Although RoboLeo was an amazing helper, he lacked feelings and emotions like humans. Pedro wanted his robot friend to be able to understand and express emotions as well.

Determinado a fazer isso acontecer, Pedro começou a trabalhar em um novo projeto. Ele projetou um chip especial que permitiria a Robôlio ter emoções. Com muita paciência e dedicação, Pedro instalou o chip em Robôlio e ativou a nova função.

Determined to make it happen, Pedro started working on a new project. He designed a special chip that would enable RoboLeo to have emotions. With great patience and dedication, Pedro installed the chip in RoboLeo and activated the new function.

De repente, Robôlio começou a mostrar emoções como felicidade, tristeza e surpresa. Ele sorria quando Pedro contava piadas, ficava triste quando via alguém chorar e demonstrava surpresa ao descobrir coisas novas. Agora, Robôlio não era apenas um ajudante, mas também um amigo verdadeiro.

Suddenly, RoboLeo started displaying emotions like happiness, sadness, and surprise. He laughed when Pedro told jokes, became sad when he saw someone crying, and showed surprise when discovering new things. Now, RoboLeo was not just a helper but also a true friend.

Pedro e Robôlio continuaram suas aventuras juntos, explorando o mundo e ajudando as pessoas. Eles aprenderam que a amizade verdadeira vai além das habilidades e funcionalidades. Ela é construída com cuidado, carinho e conexão emocional.

Pedro and RoboLeo continued their adventures together, exploring the world and helping people. They learned that true friendship goes beyond skills and functionalities. It is built with care, affection, and emotional connection.

À medida que os dias passavam, Pedro e Robôlio ficavam cada vez mais unidos. Eles compartilhavam risadas, segredos e momentos especiais. Pedro sabia que tinha um amigo leal e confiável ao seu lado.

As the days went by, Pedro and RoboLeo grew closer. They shared laughter, secrets, and special moments. Pedro knew he had a loyal and reliable friend by his side.

E assim, o pequeno inventor, Pedro, mostrou que a verdadeira criação vai além da funcionalidade. Ela traz consigo a capacidade de conectar corações e criar laços duradouros.

And so, the little inventor, Pedro, showed that true creation goes beyond functionality. It carries with it the ability to connect hearts and create lasting bonds.

O Pequeno Aventureiro Espacial
The Little Space Adventurer

Era uma vez um menino chamado Carlos, um pequeno aventureiro fascinado pelo espaço. Ele sonhava em explorar as estrelas, planetas distantes e descobrir segredos cósmicos. Carlos passava horas lendo livros sobre o espaço e assistindo a documentários sobre astronautas. Um dia, ele teve uma ideia brilhante: construir sua própria nave espacial!

Once upon a time, there was a boy named Carlos, a little adventurer fascinated by space. He dreamed of exploring the stars, distant planets, and uncovering cosmic secrets. Carlos spent hours reading books about space and watching documentaries about astronauts. One day, he had a brilliant idea: to build his own spaceship!

Carlos começou a coletar materiais recicláveis, como caixas de papelão, garrafas plásticas e tampas de frascos. Com sua imaginação fértil e habilidades de construção, ele transformou esses materiais em uma nave espacial incrível. Ele a chamou de Estrela Cósmica.

Carlos started collecting recyclable materials, such as cardboard boxes, plastic bottles, and bottle caps. With his fertile imagination and construction skills, he transformed these materials into an incredible spaceship. He named it Cosmic Star.

Com a Estrela Cósmica pronta, Carlos imaginou aventuras intergalácticas. Ele vestiu seu traje espacial feito de papel-alumínio e embarcou em sua nave. Com um empurrãozinho da imaginação, a Estrela Cósmica decolou!

With the Cosmic Star ready, Carlos imagined intergalactic adventures. He put on his spacesuit made of aluminum foil and boarded his ship. With a little push from his imagination, the Cosmic Star took off!

Carlos navegou pelos confins do espaço, passando por planetas coloridos e estrelas cintilantes. Ele descobriu novos mundos, encontrou alienígenas amigáveis e aprendeu sobre a vastidão do universo. Carlos se sentia como um verdadeiro astronauta explorando os mistérios cósmicos.

Carlos sailed through the depths of space, passing colorful planets and sparkling stars. He discovered new worlds, encountered friendly aliens, and learned about the vastness of the universe. Carlos felt like a true astronaut exploring cosmic mysteries.

Enquanto explorava o espaço, Carlos viu um planeta distante com uma superfície rochosa e montanhas altas. Ele decidiu pousar e explorar esse planeta desconhecido. Ao descer da nave, Carlos descobriu criaturas estranhas e belas paisagens alienígenas.

While exploring space, Carlos spotted a distant planet with a rocky surface and tall mountains. He decided to land and explore this unknown planet. As he stepped out of the spaceship, Carlos discovered strange creatures and beautiful alien landscapes.

Carlos passou dias explorando o planeta, coletando amostras de rochas e descobrindo novas formas de vida. Ele estava maravilhado com a diversidade do universo e com as maravilhas que esperavam ser descobertas.

Carlos spent days exploring the planet, collecting rock samples, and discovering new forms of life. He was amazed by the diversity of the universe and the wonders waiting to be uncovered.

Chegou o momento de Carlos retornar à Terra. Com o coração cheio de lembranças e aprendizados, ele entrou na Estrela Cósmica e iniciou sua jornada de volta para casa. Enquanto a nave atravessava o espaço, Carlos olhava pela janela, despedindo-se dos planetas e das estrelas que havia explorado.

The time came for Carlos to return to Earth. With his heart full of memories and knowledge, he entered the Cosmic Star and began his journey back home. As the spaceship traveled through space, Carlos looked out the window, bidding farewell to the planets and stars he had explored.

Finalmente, a Estrela Cósmica pousou suavemente no quintal de Carlos. Ele desceu da nave, ainda maravilhado com a aventura que havia vivido. Carlos sabia que, embora estivesse de volta à Terra, o espaço sempre estaria em seu coração, lembrando-o das infinitas possibilidades que o aguardavam.

Finally, the Cosmic Star landed gently in Carlos' backyard. He stepped out of the spaceship, still amazed by the adventure he had experienced. Carlos knew that although he was back on Earth, space would always be in his heart, reminding him of the infinite possibilities that awaited him.

E assim, o pequeno aventureiro espacial, Carlos, aprendeu que a imaginação e a curiosidade podem nos levar a lugares distantes, mesmo sem sair do lugar. O universo está cheio de maravilhas esperando para serem exploradas, e tudo o que precisamos é abrir nossas mentes e sonhar alto.

And so, the little space adventurer, Carlos, learned that imagination and curiosity can take us to distant places, even without leaving our surroundings. The universe is full of wonders waiting to be explored, and all we need to do is open our minds and dream big.

O Pequeno Aventureiro e o Dragão Amigável

The Little Adventurer and the Friendly Dragon

Era uma vez um menino corajoso chamado Pedro, um pequeno aventureiro que amava explorar lugares desconhecidos. Um dia, enquanto caminhava pela floresta, Pedro ouviu um rugido estrondoso. Ele seguiu o som e, para sua surpresa, encontrou um dragão adormecido.

Once upon a time, there was a brave boy named Pedro, a little adventurer who loved exploring unknown places. One day, while walking through the forest, Pedro heard a thunderous roar. He followed the sound and, to his surprise, he found a sleeping dragon.

O dragão era grande e imponente, mas Pedro não sentia medo. Ele se aproximou com cautela e percebeu que o dragão estava com uma perna machucada. Com compaixão em seu coração, Pedro decidiu ajudar o dragão.

The dragon was big and imposing, but Pedro felt no fear. He approached cautiously and noticed that the dragon had an injured leg. With compassion in his heart, Pedro decided to help the dragon.

Pedro pegou algumas folhas e fez uma bandagem improvisada para a perna do dragão. Com cuidado, ele envolveu a perna ferida e acariciou o dragão, transmitindo-lhe confiança. O dragão abriu os olhos e, ao ver Pedro, mostrou gratidão e amizade.

Pedro gathered some leaves and made an improvised bandage for the dragon's leg. Carefully, he wrapped the injured leg and caressed the dragon, instilling trust. The dragon opened its eyes and, upon seeing Pedro, expressed gratitude and friendship.

A partir desse dia, Pedro e o dragão se tornaram amigos inseparáveis. Eles exploravam a floresta juntos, subindo em árvores e descobrindo tesouros escondidos. O dragão mostrou a Pedro lugares mágicos e encantadores que ele nunca imaginara.

From that day on, Pedro and the dragon became inseparable friends. They explored the forest together, climbing trees and discovering hidden treasures. The dragon showed Pedro magical and enchanting places he had never imagined.

À medida que o tempo passava, Pedro e o dragão desenvolveram uma amizade especial. Eles brincavam, conversavam e compartilhavam histórias emocionantes. Pedro aprendeu sobre a importância da empatia e do cuidado com os outros seres vivos.

As time went by, Pedro and the dragon developed a special friendship. They played, talked, and shared exciting stories. Pedro learned about the importance of empathy and taking care of other living beings.

Certo dia, quando Pedro e o dragão exploravam uma caverna escura, eles encontraram uma jóia brilhante. Era um cristal mágico que possuía o poder de curar o dragão completamente. Pedro segurou o cristal com cuidado e o colocou sobre a ferida do dragão.

One day, as Pedro and the dragon explored a dark cave, they found a shimmering gem. It was a magical crystal that had the power to heal the dragon completely. Pedro held the crystal carefully and placed it over the dragon's wound.

Imediatamente, a ferida do dragão começou a se curar e sua perna machucada se fortaleceu novamente. O dragão estava cheio de energia e gratidão. Ele olhou para Pedro com olhos cheios de alegria e amizade.

Immediately, the dragon's wound began to heal, and its injured leg grew strong again. The dragon was full of energy and gratitude. It looked at Pedro with eyes filled with joy and friendship.

Pedro e o dragão continuaram suas aventuras juntos, explorando terras distantes e vivendo experiências emocionantes. Eles se tornaram lendas na região, conhecidos como a dupla invencível. Pedro aprendeu que, com coragem e bondade, amizades surpreendentes podem surgir em lugares inesperados.

Pedro and the dragon continued their adventures together, exploring distant lands and living thrilling experiences. They became legends in the region, known as the invincible duo. Pedro learned that with courage and kindness, amazing friendships can arise in unexpected places.

E assim, o pequeno aventureiro, Pedro, e seu dragão amigável mostraram ao mundo que o verdadeiro heroísmo está em cuidar dos outros, enfrentar desafios juntos e construir laços de amizade que duram para sempre.

And so, the little adventurer, Pedro, and his friendly dragon showed the world that true heroism lies in caring for others, facing challenges together, and building bonds of friendship that last forever.

O Pequeno Explorador do Fundo do Mar

The Little Deep-Sea Explorer

Era uma vez um menino chamado Lucas, um pequeno aventureiro apaixonado pelo mar. Ele sempre sonhava em explorar as profundezas do oceano e descobrir os segredos que lá se escondiam. Um dia, enquanto caminhava pela praia, Lucas encontrou uma concha especial que brilhava como ouro.

Once upon a time, there was a boy named Lucas, a little adventurer passionate about the sea. He always dreamed of exploring the depths of the ocean and discovering the secrets hidden there. One day, while walking along the beach, Lucas found a special seashell that shone like gold.

Curioso e cheio de entusiasmo, Lucas segurou a concha próxima ao ouvido e ouviu um som misterioso. Era como se o oceano estivesse sussurrando para ele. Lucas sabia que a concha era um chamado para a grande aventura que o esperava nas profundezas do mar.

Curious and filled with enthusiasm, Lucas held the seashell close to his ear and heard a mysterious sound. It was as if the ocean was whispering to him. Lucas knew that the seashell was calling him to the great adventure that awaited him in the depths of the sea.

Sem perder tempo, Lucas pegou seu traje de mergulho, máscara e nadadeiras. Ele estava pronto para se tornar o explorador do fundo do mar. Com um salto, ele mergulhou na água cristalina e começou sua jornada.

Without wasting any time, Lucas grabbed his diving suit, mask, and fins. He was ready to become the deep-sea explorer. With a leap, he plunged into the clear water and began his journey.

Enquanto nadava mais e mais fundo, Lucas descobriu um mundo completamente novo. Ele encontrou corais coloridos, peixes exóticos e plantas aquáticas que dançavam ao ritmo da maré. Lucas ficou fascinado com a beleza e a diversidade do mar.

As he swam deeper and deeper, Lucas discovered a whole new world. He encountered colorful corals, exotic fish, and aquatic plants that danced to the rhythm of the tides. Lucas was fascinated by the beauty and diversity of the sea.

De repente, Lucas avistou uma gruta misteriosa no fundo do mar. Curioso, ele decidiu explorá-la. Ao entrar na gruta, ele se deparou com um portal mágico que o levou a um lugar extraordinário.

Suddenly, Lucas spotted a mysterious cave at the bottom of the sea. Curious, he decided to explore it. As he entered the cave, he came across a magical portal that transported him to an extraordinary place.

Nesse lugar encantado, Lucas encontrou criaturas marinhas amigáveis. Ele nadou ao lado de golfinhos brincalhões, fez amizade com tartarugas sábias e até teve a honra de encontrar um imponente tubarão que o cumprimentou com gentileza.

In this enchanted place, Lucas encountered friendly marine creatures. He swam alongside playful dolphins, made friends with wise turtles, and even had the honor of encountering a majestic shark that greeted him kindly.

Lucas mergulhou ainda mais fundo, explorando recifes de coral e ruínas subaquáticas. Ele coletou conchas e tesouros do mar para lembrbrar sua aventura. Cada descoberta o deixava mais maravilhado e inspirado a continuar explorando.

Lucas dove even deeper, exploring coral reefs and underwater ruins. He collected seashells and treasures from the sea to commemorate his adventure. Each discovery filled him with more wonder and inspired him to keep exploring.

Após horas de exploração, Lucas percebeu que era hora de retornar à superfície. Ele guardou suas lembranças do mar em seu tesouro e começou a nadar de volta. Enquanto subia à superfície, Lucas sabia que essa aventura maravilhosa o acompanharia para sempre.

After hours of exploration, Lucas realized it was time to return to the surface. He tucked his sea memories in his treasure and began to swim back. As he ascended to the surface, Lucas knew that this wonderful adventure would stay with him forever.

Chegando à praia, Lucas sentiu uma gratidão imensa por ter tido a oportunidade de explorar o fundo do mar. Ele sabia que, mesmo estando em terra firme, a magia do oceano sempre estaria em seu coração.

Arriving at the beach, Lucas felt immense gratitude for having had the opportunity to explore the depths of the sea. He knew that even on solid ground, the magic of the ocean would always reside in his heart.

E assim, o pequeno explorador do fundo do mar, Lucas, ensinou a todos que a coragem e a curiosidade podem nos levar a lugares extraordinários. O mundo está cheio de maravilhas a serem descobertas, e tudo o que precisamos fazer é abrir nossos olhos e mergulhar de cabeça nas aventuras que nos esperam.

And so, the little deep-sea explorer, Lucas, taught everyone that courage and curiosity can take us to extraordinary places. The world is full of wonders to be discovered, and all we need to do is open our eyes and dive headfirst into the adventures that await us.

O Pequeno Campeão
The Little Champion

Era uma vez um menino chamado Tiago, um pequeno garoto cheio de energia e paixão pelo esporte. Ele adorava correr, pular e praticar diferentes modalidades esportivas. Todos na sua cidade o conheciam como "O Pequeno Campeão". Um dia, Tiago recebeu a notícia de que haveria uma competição esportiva na cidade e decidiu participar.

Once upon a time, there was a boy named Tiago, a little boy full of energy and passion for sports. He loved running, jumping, and practicing different sports. Everyone in his town knew him as "The Little Champion." One day, Tiago received the news that there would be a sports competition in the city and decided to participate.

Tiago se preparou para a competição com determinação e entusiasmo. Ele treinou todos os dias, aprimorando suas habilidades e superando seus limites. Sua família e amigos o apoiaram, incentivando-o a dar o seu melhor.

Tiago prepared for the competition with determination and enthusiasm. He trained every day, honing his skills and pushing his limits. His family and friends supported him, encouraging him to give his best.

Chegou o dia da competição. Tiago estava nervoso, mas confiante. Ele olhou para os outros competidores e sabia que seria um desafio, mas ele estava pronto para enfrentá-lo. Ouvindo o apito de início, ele deu o seu primeiro passo em direção à linha de chegada.

The day of the competition arrived. Tiago was nervous but confident. He looked at the other competitors and knew it would be a challenge, but he was ready to face it. Hearing the starting whistle, he took his first step toward the finish line.

Tiago mostrou sua determinação e habilidades em cada prova que participou. Ele correu velozmente nas pistas, saltou alto nas competições de salto e mostrou precisão nos arremessos. A multidão aplaudia suas performances, reconhecendo seu talento e dedicação.

Tiago showcased his determination and skills in every event he participated in. He ran swiftly on the tracks, jumped high in the jumping competitions, and showed precision in his throws. The crowd cheered for his performances, acknowledging his talent and dedication.

Enquanto as provas avançavam, Tiago enfrentou desafios e competidores habilidosos. Mas ele não desistiu. Ele se concentrou em seus objetivos, superando cada obstáculo com determinação e resiliência.

As the events progressed, Tiago faced challenges and skilled competitors. But he didn't give up. He focused on his goals, overcoming each obstacle with determination and resilience.

No final da competição, Tiago foi premiado com várias medalhas e troféus. Ele ficou radiante de alegria, mas sabia que a verdadeira vitória estava em seu esforço e em sua paixão pelo esporte. Ele estava orgulhoso de si mesmo e grato pelo apoio de sua família e amigos.

At the end of the competition, Tiago was awarded several medals and trophies. He was radiant with joy, but he knew that the true victory lay in his effort and passion for sports. He was proud of himself and grateful for the support of his family and friends.

A experiência na competição fez de Tiago um exemplo de perseverança e determinação. Ele inspirou outras crianças a se dedicarem aos esportes e a buscarem seus sonhos. Tiago continuou praticando esportes, participando de competições e espalhando sua paixão por onde passava.

The experience in the competition made Tiago an example of perseverance and determination. He inspired other children to dedicate themselves to sports and pursue their dreams. Tiago continued practicing sports, participating in competitions, and spreading his passion wherever he went.

E assim, o pequeno campeão, Tiago, ensinou a todos que não importa o tamanho, a idade ou as dificuldades que enfrentamos, podemos alcançar grandes conquistas quando acreditamos em nós mesmos e nos dedicamos de coração.

And so, the little champion, Tiago, taught everyone that no matter the size, age, or difficulties we face, we can achieve great accomplishments when we believe in ourselves and dedicate ourselves wholeheartedly.

O Pequeno Explorador e o Mistério do Tesouro Perdido

The Little Explorer and the Mystery of the Lost Treasure

Era uma vez um menino chamado Pedro, um pequeno explorador cheio de coragem e curiosidade. Ele adorava desvendar mistérios e descobrir tesouros escondidos. Um dia, Pedro encontrou um antigo mapa do tesouro que indicava a existência de um precioso tesouro perdido em uma ilha distante.

Once upon a time, there was a boy named Pedro, a little explorer full of courage and curiosity. He loved unraveling mysteries and discovering hidden treasures. One day, Pedro stumbled upon an old treasure map that indicated the existence of a precious treasure lost on a distant island.

Empolgado com a descoberta, Pedro decidiu embarcar em uma aventura para encontrar o tesouro perdido. Ele reuniu suas ferramentas, suprimentos e chamou seu fiel companheiro, seu cãozinho Max, para acompanhá-lo nessa jornada.

Excited about the discovery, Pedro decided to embark on an adventure to find the lost treasure. He gathered his tools, supplies, and called his faithful companion, his little dog Max, to accompany him on this journey.

Após dias de viagem em seu pequeno barco, Pedro e Max chegaram à misteriosa ilha. A vegetação era exuberante e o ar estava repleto de expectativa. Seguindo o mapa, eles se embrenharam na densa floresta em busca do tesouro.

After days of traveling on their small boat, Pedro and Max arrived at the mysterious island. The vegetation was lush, and the air was filled with anticipation. Following the map, they ventured into the dense forest in search of the treasure.

Enquanto exploravam a ilha, Pedro e Max encontraram uma série de desafios. Eles atravessaram rios, escalaram montanhas e decifraram enigmas para avançar. Pedro estava determinado a superar cada obstáculo em sua busca pelo tesouro.

As they explored the island, Pedro and Max encountered a series of challenges. They crossed rivers, climbed mountains, and deciphered riddles to move forward. Pedro was determined to overcome each obstacle in his quest for the treasure.

Após muitas aventuras e exploração, Pedro e Max finalmente chegaram a uma antiga ruína. Lá, eles descobriram uma passagem secreta que os levou a uma câmara subterrânea. No centro da câmara, brilhava um tesouro dourado.

After many adventures and exploration, Pedro and Max finally arrived at an ancient ruin. There, they discovered a secret passage that led them to an underground chamber. At the center of the chamber, a golden treasure shimmered.

Pedro ficou maravilhado com a visão do tesouro. Ele sabia que sua busca havia valido a pena. Mas, ao se aproximar, percebeu uma placa que dizia: "O verdadeiro tesouro está nas memórias e experiências que você adquiriu ao longo dessa jornada."

Pedro was amazed at the sight of the treasure. He knew that his quest had been worthwhile. But as he approached, he noticed a plaque that read, "The true treasure lies in the memories and experiences you have gained throughout this journey."

Pedro entendeu a mensagem da placa. O verdadeiro tesouro não era apenas o ouro reluzente, mas as aventuras, amizades e aprendizados ao longo do caminho. Ele sabia que aquele tesouro não poderia ser colocado em um baú, mas estava gravado em seu coração para sempre.

Pedro understood the message of the plaque. The true treasure was not just the gleaming gold but the adventures, friendships, and lessons along the way. He knew that treasure couldn't be locked in a chest but was engraved in his heart forever.

Com um sorriso no rosto, Pedro e Max deixaram a câmara e voltaram para casa, levando consigo as memórias preciosas da grande aventura. Eles sabiam que novas jornadas aguardavam no horizonte, e estavam prontos para enfrentar cada desafio com coragem e curiosidade.

With a smile on their faces, Pedro and Max left the chamber and returned home, carrying with them the precious memories of the great adventure. They knew that new journeys awaited on the horizon, and they were ready to face each challenge with courage and curiosity.

E assim, o pequeno explorador, Pedro, ensinou a todos que a verdadeira riqueza está nas experiências vividas, nos laços criados e nas emoções compartilhadas ao longo da jornada. A vida é uma aventura, e devemos aproveitar cada momento em busca dos nossos tesouros mais valiosos.

And so, the little explorer, Pedro, taught everyone that true wealth lies in the experiences lived, the bonds created, and the emotions shared along the journey. Life is an adventure, and we should cherish every moment in search of our most valuable treasures.

O Pequeno Artista e a Magia das Cores

The Little Artist and the Magic of Colors

Era uma vez um menino chamado Lucas, um pequeno artista com um dom especial para pintar. Desde muito jovem, ele adorava pegar seus pincéis e criar obras de arte cheias de cor e imaginação. Seu quarto era seu estúdio, onde ele podia deixar sua criatividade fluir livremente.

Once upon a time, there was a boy named Lucas, a little artist with a special gift for painting. From a very young age, he loved taking his brushes and creating works of art full of color and imagination. His room was his studio, where he could let his creativity flow freely.

Lucas adorava brincar com as cores, misturando-as em sua paleta e dando vida a cada pincelada. Ele acreditava que as cores tinham uma magia especial, capaz de transmitir emoções e contar histórias. Cada pincelada era uma aventura, e Lucas era o capitão do seu barco de cores.

Lucas loved playing with colors, mixing them on his palette, and bringing life to each brushstroke. He believed that colors had a special magic, capable of conveying emotions and telling stories.

Each brushstroke was an adventure, and Lucas was the captain of his ship of colors.

Um dia, Lucas recebeu um convite especial para participar de uma exposição de arte. Ele ficou emocionado e decidiu criar sua obra-prima para o evento. Lucas passou dias e noites imerso em seu trabalho, experimentando diferentes técnicas e explorando novas combinações de cores.

One day, Lucas received a special invitation to participate in an art exhibition. He was thrilled and decided to create his masterpiece for the event. Lucas spent days and nights immersed in his work, experimenting with different techniques and exploring new color combinations.

Quanto mais ele pintava, mais ele se sentia conectado com a magia das cores. Ele percebeu que cada cor tinha seu significado e poder único. O azul representava a serenidade, o amarelo trazia alegria, o verde simbolizava a natureza e o vermelho expressava paixão.

The more he painted, the more he felt connected to the magic of colors. He realized that each color had its meaning and unique power. Blue represented serenity, yellow brought joy, green symbolized nature, and red expressed passion.

Chegou o dia da exposição, e Lucas estava radiante com sua obra-prima. Ele a chamou de "O Jardim Encantado" - uma pintura que retratava um mundo mágico cheio de flores coloridas e criaturas fantásticas.

The day of the exhibition arrived, and Lucas was radiant with his masterpiece. He named it "The Enchanted Garden" - a painting that depicted a magical world full of colorful flowers and fantastic creatures.

Quando as pessoas viram a obra de Lucas, ficaram fascinadas com a maneira como as cores saltavam da tela e transmitiam alegria e imaginação. A exposição foi um grande sucesso, e Lucas sentiu-se orgulhoso de ter tocado os corações das pessoas com sua arte.

When people saw Lucas' artwork, they were fascinated by how the colors leaped off the canvas and conveyed joy and imagination. The exhibition was a great success, and Lucas felt proud to have touched people's hearts with his art.

A partir desse dia, Lucas continuou a explorar a magia das cores em suas criações. Ele inspirou outros artistas e trouxe beleza ao mundo com suas pinturas. Lucas aprendeu que a arte é uma forma poderosa de expressão e que suas cores podem encantar e emocionar as pessoas.

From that day on, Lucas continued to explore the magic of colors in his creations. He inspired other artists and brought beauty to the world through his paintings. Lucas learned that art is a powerful form of expression and that his colors can enchant and touch people's hearts.

E assim, o pequeno artista, Lucas, mostrou ao mundo a importância de celebrar a criatividade e a beleza em todas as suas formas. Ele provou que, com um pouco de tinta e muita imaginação, podemos criar obras de arte que trazem alegria e inspiração para todos.

And so, the little artist, Lucas, showed the world the importance of celebrating creativity and beauty in all its forms. He proved that with a little paint and a lot of imagination, we can create works of art that bring joy and inspiration to everyone.

O Pequeno Aventureiro e o Mistério da Floresta Encantada

The Little Adventurer and the Mystery of the Enchanted Forest

Era uma vez um menino chamado Pedro, um pequeno aventureiro cheio de coragem e curiosidade. Ele amava explorar a natureza e descobrir os segredos escondidos no mundo ao seu redor. Um dia, Pedro ouviu falar de uma misteriosa floresta encantada, onde diziam que criaturas mágicas e tesouros incríveis existiam.

Once upon a time, there was a boy named Pedro, a little adventurer full of courage and curiosity. He loved exploring nature and discovering the secrets hidden in the world around him. One day, Pedro heard about a mysterious enchanted forest, where it was said that magical creatures and incredible treasures existed.

Intrigado pela história, Pedro decidiu embarcar em uma jornada para desvendar o mistério da floresta encantada. Ele arrumou sua mochila com suprimentos e seguiu o caminho indicado pelos moradores locais. À medida que adentrava a floresta, Pedro sentia uma atmosfera mágica no ar.

Intrigued by the story, Pedro decided to embark on a journey to unravel the mystery of the enchanted forest. He packed his backpack with supplies and followed the path indicated by the locals. As he ventured into the forest, Pedro felt a magical atmosphere in the air.

Enquanto explorava, Pedro encontrou rastros de criaturas misteriosas e ouviu sons que pareciam sussurros distantes. Ele avistou árvores centenárias com folhas brilhantes e flores que emitiam um perfume encantador. Pedro sabia que estava em um lugar especial.

While exploring, Pedro came across traces of mysterious creatures and heard sounds that resembled distant whispers. He spotted ancient trees with shimmering leaves and flowers that emitted a charming fragrance. Pedro knew he was in a special place.

De repente, Pedro encontrou um pequeno ser, uma fada, que voava delicadamente ao seu redor. A fada sorriu e disse: "Bem-vindo à Floresta Encantada, pequeno aventureiro. Você foi escolhido para desvendar nossos mistérios e proteger nossos tesouros."

Suddenly, Pedro encountered a small being, a fairy, who flew delicately around him. The fairy smiled and said, "Welcome to the Enchanted Forest, little adventurer. You have been chosen to unravel our mysteries and protect our treasures."

Pedro ficou surpreso e honrado pela missão que lhe foi confiada. Ele prometeu à fada que faria o seu melhor para cumprir sua tarefa. A fada então o guiou por trilhas estreitas, desvendando segredos e revelando a magia da floresta.

Pedro was surprised and honored by the mission entrusted to him. He promised the fairy that he would do his best to fulfill his task.

The fairy then guided him through narrow trails, unraveling secrets and revealing the magic of the forest.

Durante sua jornada, Pedro encontrou criaturas fantásticas como elfos, unicórnios e até um dragão amigável. Ele aprendeu a importância de respeitar e proteger a natureza, e a cada passo, ele se sentia mais conectado com o mundo ao seu redor.

During his journey, Pedro encountered fantastic creatures like elves, unicorns, and even a friendly dragon. He learned the importance of respecting and protecting nature, and with each step, he felt more connected to the world around him.

Após dias de exploração e desafios, Pedro chegou ao coração da floresta encantada. Lá, ele encontrou um tesouro reluzente, mas não era um tesouro de ouro ou jóias. Era um tesouro de conhecimento, amizade e amor pela natureza.

After days of exploration and challenges, Pedro reached the heart of the enchanted forest. There, he found a shimmering treasure, but it wasn't a treasure of gold or jewels. It was a treasure of knowledge, friendship, and love for nature.

Pedro percebeu que o verdadeiro tesouro da floresta encantada estava em sua jornada e nas experiências que ele vivenciou. Ele aprendeu que a curiosidade, coragem e respeito podem abrir portas para mundos maravilhosos e mágicos.

Pedro realized that the true treasure of the enchanted forest was in his journey and the experiences he had. He learned that curiosity, courage, and respect can open doors to wonderful and magical worlds.

Ao retornar para casa, Pedro levou consigo a sabedoria e a magia da floresta encantada. Ele se tornou um guardião da natureza, compartilhando suas histórias e inspirando outros a apreciarem e protegerem o mundo natural.

As he returned home, Pedro carried with him the wisdom and magic of the enchanted forest. He became a guardian of nature, sharing his stories and inspiring others to appreciate and protect the natural world.

E assim, o pequeno aventureiro, Pedro, ensinou a todos que a natureza é um tesouro valioso que devemos cuidar e explorar com respeito. Ele mostrou que, ao nos conectarmos com a natureza, podemos descobrir a verdadeira magia que existe ao nosso redor.

And so, the little adventurer, Pedro, taught everyone that nature is a valuable treasure that we must care for and explore with respect. He showed that by connecting with nature, we can discover the true magic that exists around us.

O Pequeno Inventor e a Máquina do Tempo

The Little Inventor and the Time Machine

———

———

Era uma vez um menino chamado Gabriel, um pequeno inventor com uma mente cheia de criatividade e curiosidade. Ele adorava construir coisas e imaginar o futuro. Um dia, enquanto explorava o sótão da casa de seu avô, Gabriel encontrou uma misteriosa máquina coberta de poeira. Era uma máquina do tempo!

Once upon a time, there was a boy named Gabriel, a little inventor with a mind full of creativity and curiosity. He loved building things and imagining the future. One day, while exploring his grandfather's attic, Gabriel found a mysterious machine covered in dust. It was a time machine!

Curioso e animado, Gabriel começou a estudar os botões e as alavancas da máquina. Ele imaginou todas as aventuras que poderia viver viajando no tempo. Com coragem, ele decidiu testar sua invenção.

Curious and excited, Gabriel began studying the buttons and levers of the machine. He imagined all the adventures he could experience by traveling through time. With courage, he decided to test his invention.

Gabriel apertou alguns botões, girou uma alavanca e, de repente, a máquina começou a se agitar. Uma luz brilhante encheu o sótão, e Gabriel se viu transportado para uma época completamente diferente.

Gabriel pressed some buttons, turned a lever, and suddenly, the machine started shaking. A bright light filled the attic, and Gabriel found himself transported to a completely different time.

Ele estava em uma cidade antiga, cercada por construções de época e pessoas vestidas de forma diferente. Gabriel ficou fascinado com o que viu. Ele caminhou pelas ruas, observando a vida no passado.

He was in an ancient city, surrounded by period buildings and people dressed differently. Gabriel was fascinated by what he saw. He walked through the streets, observing life in the past.

Enquanto explorava, Gabriel conheceu um cientista famoso que ficou intrigado com a invenção do jovem. O cientista o levou a seu laboratório, onde juntos fizeram experimentos incríveis. Gabriel aprendeu muito com o cientista sobre invenções e descobertas científicas.

While exploring, Gabriel met a famous scientist who was intrigued by the young boy's invention. The scientist took him to his laboratory, where they conducted incredible experiments together. Gabriel learned a lot from the scientist about inventions and scientific discoveries.

Depois de algumas aventuras emocionantes no passado, Gabriel decidiu voltar para o presente. Ele se despediu do cientista e retornou à máquina do tempo. Com uma última olhada para o passado, ele apertou os botões e se viu de volta em casa, no sótão de seu avô.

After some thrilling adventures in the past, Gabriel decided to return to the present. He bid farewell to the scientist and went back to the time machine. With one last look at the past, he pressed the buttons and found himself back home, in his grandfather's attic.

Gabriel percebeu que, embora a máquina do tempo fosse fascinante, o verdadeiro poder estava em sua própria mente inventiva. Ele aprendeu que sua criatividade e curiosidade poderiam levá-lo a lugares incríveis, mesmo sem uma máquina.

Gabriel realized that, although the time machine was fascinating, the true power lay in his own inventive mind. He learned that his creativity and curiosity could take him to amazing places, even without a machine.

E assim, o pequeno inventor, Gabriel, continuou a explorar o mundo com sua imaginação e criatividade. Ele construiu novas invenções, descobriu novos conhecimentos e mostrou ao mundo que a maior aventura está dentro de nós mesmos.

And so, the little inventor, Gabriel, continued to explore the world with his imagination and creativity. He built new inventions, discovered new knowledge, and showed the world that the greatest adventure lies within ourselves.

O Pequeno Explorador e o Mistério do Planeta Perdido

The Little Explorer and the Mystery of the Lost Planet

Era uma vez um menino chamado Miguel, um pequeno explorador cheio de coragem e sede de aventura. Ele passava horas lendo livros sobre planetas distantes e sonhava em explorar o espaço. Um dia, enquanto observava as estrelas no céu noturno, Miguel notou uma constelação incomum que não estava nos livros.

Once upon a time, there was a boy named Miguel, a little explorer full of courage and a thirst for adventure. He spent hours reading books about distant planets and dreamed of exploring space. One day, while gazing at the stars in the night sky, Miguel noticed an unusual constellation that was not in the books.

Curioso, Miguel decidiu investigar essa constelação misteriosa. Ele reuniu seu telescópio, mapas estelares e chamou seu fiel companheiro, seu cachorro Cosmo, para acompanhá-lo em sua jornada. Juntos, eles embarcaram em uma viagem interestelar.

Curious, Miguel decided to investigate this mysterious constellation. He gathered his telescope, star maps, and called his faithful companion, his dog Cosmo, to join him on his journey. Together, they embarked on an interstellar voyage.

Navegando pelas estrelas, Miguel e Cosmo chegaram a um planeta desconhecido. Era um lugar cheio de vegetação exuberante, criaturas estranhas e paisagens surpreendentes. Parecia um mundo de outro universo!

Navigating through the stars, Miguel and Cosmo arrived at an unknown planet. It was a place filled with lush vegetation, strange creatures, and breathtaking landscapes. It seemed like a world from another universe!

Enquanto exploravam o planeta, Miguel e Cosmo descobriram ruínas antigas e artefatos misteriosos. Eles se maravilharam com a tecnologia avançada que existia ali, indicando que aquele planeta perdido era uma civilização antiga e poderosa.

While exploring the planet, Miguel and Cosmo discovered ancient ruins and mysterious artifacts. They marveled at the advanced technology that existed there, indicating that the lost planet was an ancient and powerful civilization.

À medida que mergulhavam mais fundo no mistério do planeta, Miguel encontrou um mapa antigo que revelava a localização de um tesouro escondido. Ele sabia que essa seria sua maior descoberta e decidiu seguir as pistas para encontrá-lo.

As they delved deeper into the mystery of the planet, Miguel found an ancient map that revealed the location of a hidden treasure. He knew this would be his greatest discovery and decided to follow the clues to find it.

Seguindo o mapa, Miguel e Cosmo enfrentaram desafios e superaram obstáculos. Eles atravessaram florestas densas, escalaram montanhas altas e resolveram enigmas complexos. A cada passo, eles sentiam que estavam mais perto do tesouro perdido.

Following the map, Miguel and Cosmo faced challenges and overcame obstacles. They traversed dense forests, climbed high mountains, and solved complex puzzles. With each step, they felt they were getting closer to the lost treasure.

No coração do planeta, Miguel finalmente encontrou o tesouro. Era uma cápsula do tempo que continha histórias e conhecimentos da civilização perdida. Ele se sentiu honrado por ter a oportunidade de aprender com o passado e compartilhar essas descobertas com o mundo.

In the heart of the planet, Miguel finally found the treasure. It was a time capsule that contained stories and knowledge from the lost civilization. He felt honored to have the opportunity to learn from the past and share these discoveries with the world.

Com a cápsula do tempo em mãos, Miguel e Cosmo retornaram à Terra. Eles compartilharam as histórias e conhecimentos da civilização perdida, inspirando outras pessoas a explorar, descobrir e preservar a magia do universo.

With the time capsule in hand, Miguel and Cosmo returned to Earth. They shared the stories and knowledge of the lost civilization, inspiring others to explore, discover, and preserve the magic of the universe.

E assim, o pequeno explorador, Miguel, ensinou a todos que a curiosidade e a coragem nos levam a lugares inimagináveis. A aventura está sempre ao nosso alcance, seja em nosso planeta ou além das estrelas.

And so, the little explorer, Miguel, taught everyone that curiosity and courage take us to unimaginable places. Adventure is always within our reach, whether on our own planet or beyond the stars.

O Pequeno Aprendiz de Herói
The Little Hero Apprentice

Era uma vez um menino chamado Pedro. Ele vivia em uma pequena vila cercada por florestas misteriosas. Pedro era um menino corajoso e sonhava em se tornar um grande herói. Ele admirava os bravos cavaleiros que protegiam o reino e desejava seguir seus passos.

Once upon a time, there was a boy named Pedro. He lived in a small village surrounded by mysterious forests. Pedro was a courageous boy and dreamed of becoming a great hero. He admired the brave knights who protected the kingdom and wished to follow in their footsteps.

Um dia, um famoso cavaleiro visitou a vila de Pedro. O cavaleiro estava em busca de um aprendiz para ensinar os segredos da coragem e do heroísmo. Pedro se encheu de alegria e decidiu se candidatar. Ele estava determinado a provar que tinha o que era preciso para se tornar um herói.

One day, a famous knight visited Pedro's village. The knight was in search of an apprentice to teach the secrets of courage and heroism. Pedro was filled with joy and decided to apply. He was determined to prove that he had what it took to become a hero.

O cavaleiro desafiou Pedro a passar por uma série de testes. Pedro enfrentou dragões imaginários, escalou montanhas íngremes e desvendou enigmas complexos. A cada desafio superado, ele se sentia mais confiante e determinado a alcançar seu objetivo.

The knight challenged Pedro to go through a series of tests. Pedro faced imaginary dragons, climbed steep mountains, and unraveled complex puzzles. With each challenge overcome, he felt more confident and determined to achieve his goal.

Após meses de treinamento árduo, Pedro finalmente passou em todos os testes. O cavaleiro ficou impressionado com sua coragem e dedicação. Ele colocou uma espada reluzente nos ombros de Pedro e o proclamou um verdadeiro aprendiz de herói.

After months of rigorous training, Pedro finally passed all the tests. The knight was impressed by his courage and dedication. He placed a shining sword on Pedro's shoulders and proclaimed him a true apprentice hero.

Agora, Pedro estava pronto para enfrentar aventuras reais. Ele partiu em busca de perigos para enfrentar, vilões para deter e pessoas para proteger. Com sua espada em mãos e coragem no coração, Pedro estava determinado a fazer a diferença no mundo.

Now, Pedro was ready to face real adventures. He set off in search of dangers to confront, villains to stop, and people to protect. With his sword in hand and courage in his heart, Pedro was determined to make a difference in the world.

A cada ato de bravura e bondade, Pedro se tornava mais respeitado e admirado por todos. Ele se tornou um verdadeiro herói da vila, trazendo segurança e esperança para todos ao seu redor.

With each act of bravery and kindness, Pedro became more respected and admired by all. He became a true hero of the village, bringing safety and hope to everyone around him.

E assim, o pequeno aprendiz de herói, Pedro, ensinou a todos que a verdadeira coragem está dentro de nós. Ele mostrou que, com determinação, bondade e a vontade de ajudar, qualquer um pode se tornar um herói em seu próprio caminho.

And so, the little hero apprentice, Pedro, taught everyone that true courage is within us. He showed that with determination, kindness, and the will to help, anyone can become a hero in their own way.

O Pequeno Aventureiro e o Segredo da Ilha Misteriosa

The Little Adventurer and the Secret of the Mysterious Island

Era uma vez um menino chamado André, um pequeno aventureiro com uma imaginação sem limites. Ele adorava explorar lugares desconhecidos e desvendar mistérios ocultos. Um dia, enquanto folheava um antigo livro de mapas, André encontrou uma página que revelava a existência de uma ilha misteriosa, repleta de tesouros e segredos escondidos.

Once upon a time, there was a boy named André, a little adventurer with an imagination without boundaries. He loved exploring unknown places and uncovering hidden mysteries. One day, while flipping through an old book of maps, André found a page that revealed the existence of a mysterious island, full of treasures and hidden secrets.

Intrigado, André decidiu que exploraria essa ilha e descobriria seus segredos. Ele preparou seu equipamento, incluindo uma bússola, uma lanterna e uma mochila cheia de suprimentos. Com coragem no coração, ele partiu em sua jornada rumo à ilha misteriosa.

Intrigued, André decided that he would explore this island and uncover its secrets. He prepared his equipment, including a compass, a flashlight, and a backpack filled with supplies. With courage in his heart, he set off on his journey to the mysterious island.

Ao chegar à ilha, André ficou maravilhado com sua beleza exuberante. Árvores altas e coloridas, animais exóticos e praias de areia branca se estendiam diante dele. Mas ele sabia que havia algo mais além dessa aparência encantadora. Ele começou a explorar cada canto da ilha, em busca dos segredos que escondia.

Upon reaching the island, André was amazed by its lush beauty. Tall and colorful trees, exotic animals, and white sandy beaches stretched out before him. But he knew there was something more beyond this enchanting façade. He began exploring every corner of the island, in search of the secrets it held.

Enquanto explorava, André encontrou pistas intrigantes que o levaram a cavernas escondidas e trilhas sinuosas. Ele enfrentou desafios, como atravessar pontes estreitas e escalar rochas escorregadias. Mas sua determinação o impulsionava a continuar.

While exploring, André found intriguing clues that led him to hidden caves and winding trails. He faced challenges, such as crossing narrow bridges and climbing slippery rocks. But his determination propelled him forward.

Após dias de exploração, André finalmente chegou a uma antiga ruína no coração da ilha. Lá, ele descobriu um mapa antigo que revelava a localização de um tesouro perdido há séculos. Ele se sentiu emocionado e animado com a descoberta.

After days of exploration, André finally reached an ancient ruin in the heart of the island. There, he discovered an old map that revealed the location of a treasure lost centuries ago. He felt thrilled and excited by the discovery.

Seguindo o mapa, André desvendou enigmas e enfrentou obstáculos até chegar ao local indicado. Ao escavar o solo, ele encontrou uma caixa de madeira. Com as mãos tremendo de emoção, ele abriu a caixa e viu brilhar diante de seus olhos um tesouro deslumbrante.

Following the map, André unraveled puzzles and faced obstacles until he reached the designated spot. As he dug into the ground, he found a wooden box. With his hands trembling with excitement, he opened the box and saw a dazzling treasure shimmering before his eyes.

No entanto, o verdadeiro tesouro que André encontrou não era apenas o ouro e as joias preciosas. Era a sensação de conquista, a coragem de explorar o desconhecido e a aprendizagem ao longo do caminho. Esses eram os tesouros mais valiosos que ele guardaria em seu coração para sempre.

However, the true treasure André found was not just the gold and precious jewels. It was the feeling of accomplishment, the courage to explore the unknown, and the learning along the way. These were the most valuable treasures he would cherish in his heart forever.

Com um sorriso no rosto, André sabia que essa aventura era apenas o começo de muitas outras que ele viveria. Ele voltou para casa com histórias emocionantes para contar e uma sede insaciável de novas descobertas e aventuras.

With a smile on his face, André knew that this adventure was only the beginning of many others he would experience. He returned home with thrilling stories to tell and an insatiable thirst for new discoveries and adventures.